Mats Eriksson

Kommer med sött

.

Mats Eriksson

KOMMER MED SÖTT

och andra tillkortakommanden

poesi

© 2021 Mats Eriksson

Omslag och layout: Ottilia Eriksson Derestam

Layout inlaga: Mats Eriksson

Förlag: BoD – Books on Demand, Stockholm, Sverige
Tryck: BoD – Books on Demand, Norderstedt, Tyskland

ISBN: 978-91-7969-212-4

Vi vet inte mycket men det här är vad vi tror
det här är vad vi hittade
innan huset och träden och buskarna och staketet
och skorstenen och flaggstången och hammocken
och ekorrarna jämnades med marken

ett

MAN ÄR INTE PÅ HOTELL

Det kan vara lite solsken som bryter in. Eller ett konstigt ljud.
Kanske tyngden av en hamster som går över bröstkorgen.
Man kanske vaknar av det. Eller man kanske tror det och sätter
sig upp och inbillar sig att man är på hotell. Att man drömt om
det så länge. Men man är inte på hotell, man kanske tror det,
man kanske har druckit, man kanske hade hoppats på en
weekend där allt ingår men det är inte riktigt så
Man är inte på hotell
Det kan vara att det ringer. Man kanske vaknar av det. Eller man
kanske tror det och kastar sig upp och inbillar sig att det är från
hotellreceptionen. Man kanske tror att man har beställt väckning,
man kanske har druckit. Men det är inte roomservice, det är nåt
annat. Man kanske har ett element som surrar, man kanske har
en undulat som är lös, man kanske har en bekant som skriker
från badrummet, man har så mycket annat som låter, man kan
hoppas på så mycket men man är inte på hotell
Det skulle kunna vara en mjuk hand som stryker ditt hår innan
sömnen. Det skulle kunna vara en varm andedräkt som viskar
dina namn mot kinden när du vaknar. Det skulle kunna vara en
post-it på kylskåpet med löften om trygghet och närhet och
vänskap i alla dina dar men det är inte det, det är aldrig det. Man
kanske inbillar sig det, man kanske hoppas på det men det är
aldrig det för man är inte bortrest
Man är inte på hotell

DEN TUNGA SÖMNEN

du ska snart vakna upp och förstå
att den tunga sömnen lagt sina ägg i dig
hunden iakttar dig från ett ovanligt hörn
barnen leker i slowmotion
på behörigt avstånd i tysta kläder
orubbliga i sin kärlek
oförstående inför avståndet
ovetande om
att du i den tunga sömnens skugga
förtvivlat flyttat dina pjäser för att hitta en utväg

bakom tidningen,
genom tårdimman,
ser du muskler svälla
på de älskade barnens ryggar
strimmor av ljus lyfter ur ditt ansikte
dina drömmar
singlar som sotflagor genom rummen
och landar på barnens utsträckta tungor

STILL I FÖNSTRET

det kunde alltså hända att jag stod i fönstret
att jag stod vid hyacinten
under hyacinten i fönstret och knappt fick luft
jag stod som still i fönstret och tittade ut
ut på träden, på hundarna, på hararna, på bilarna
ut på ekorrarna
ut på allt det där som bara angick dig och din församling
Och det kunde hända
att jag ändå stod vid telefonen
att jag trots allt ringde till dig och alla andra runtom dig
ringde
bara för att få höra din röst
ditt ljud
ditt kluckande skratt
ringde
bara för att en gång till få höra dig fnysa
Och det kunde alltså hända att jag stod i fönstret
still i fönstret
och djupt inom mig ändå visste
hur ett samtal skulle föras
hur ett brev skulle postas
hur en bebis skulle skötas
hur en slipsten skulle dras
och att jag trots allt ändå visste
djupt därinne hade hört hur man gör
när man håller av
håller om
tycker om en annan människa

INTE JUST DEN MÖSSAN

att inte kunna sova
för att man har tappat någonting
kanske längst ner under snön
eller i ett djupt djupt vattendrag
kanske en mössa

man kan inte förstå
man kan inte få någon sömn
så länge det inte går att begripa
hur saker och ting bara kan försvinna
så länge man inte kan hitta

att man till slut ändå gör det
man hittar en mössa
men inte den
aldrig just den

JAG SKULLE GÅ FEL

jag gick en annan väg
jag gick fel
jag gick
bara gick och gick
trots det annorlunda gruset
trots det annorlunda ljuset
trots fåglarna
fåglarna
som bredde ut sig som svarta paraplyer över himlen

jag stannade till
jag var utsatt men lugn
jag skulle snart börja gå igen
jag skulle snart vara hemma
jag skulle gå fel

PÅ VÄG BORT

när du såg mig
första gången
satt jag ned
på golvet
på eftermiddan
på vardagsrumsmattan
med huvudet mellan knäna

när du såg mig
nästa gång
var jag redan på väg
bort
bort i dina drömmar
bort i dina fotspår
bort   i den virvlande snön

SPÅR

jag letar efter något på dig
trevar med fingrarna
letar efter svar, spår i ditt ansikte
kanske skäggstrån
kanske fibrer från en gammal svångrem
jag fingrar över ditt ansikte
känner en svag förnimmelse av en skrattgrop
som ett minne, som ett ärr, som av Benny Hill
jag vill att det ska vara släckt, mörkt
när jag trevar över dig
det är där i mörkret
det viktiga i dig kommer fram
det är där i mörkret
dom bränns   orrarna
jag fingrar, trevar, känner över dig
letar efter en plats, en fläck, en flik av dig
som jag kan hitta
där du fortfarande kan känna
att du kan hålla av
hålla om
tycka om en annan människa

UNDER DINA VINGAR

tänk att få falla
in i någonting
in bland stenar
taggtråd
in i dina armar

tänk att få krypa ihop där
att tidigt få ropa hej
bara för att strax därefter
långsamt falla sönder
mitt framför dina ögon
djupt in under dina armar

tänk att få vistas där
i din omedelbara närhet
att få plocka smulorna av allt du säger
av allt du gör
och att sedan få somna
domna
djupt in under dina vingar

NÄSTAN SOM EN VÄN

det verkar som det finns vissa saker
som nästan aldrig kan gå sönder
jag har haft dig i så många år nu
som något riktigt dyrbart
nästan som en vän
skulle man kunna säga
nästan som en spång över mörkret
in i nästa helt vanliga dag
som en som sitter på en pall i hallen
som sitter i soffan bakom kannan framför teven
nästan som en som bara finns
skulle man kunna säga
jag vill så gärna ha dig så länge som det går
så länge du förstår
så länge som du går att förstå

två

JAG KANSKE SOV

Jag vill minnas att det var en vanlig veckodag, att det kanske var
en torsdag eller vad vet jag. Jag vill minnas att jag såg dig i köket,
att jag såg dig som genom en strut från sovrummet genom hallen
och ut i köksräjongerna. Jag måste ha legat ner. Så måste det ha
varit. Jag vill minnas att du stövlade omkring när du sa allt det
där du hade att säga, som du bara måste få ur dig. Jag vill
minnas att jag låg. Så måste det ha varit. Så borde det ha varit.
Jag vill minnas att du inte var arg, i alla fall inte ledsen. Eller? Jag
vill minnas att det var nåt med dina händer, dina armar, som att
du rörde dom på ett särskilt sätt när du pratade, vispade runt
dom i rummet som i ett knepigt mönster, tecknade nåt i luften
Oförskämdheter. Jag vill minnas att det hela handlade om
tvättråd och spelkvitton och frysfacken och allt, precis allt, det
där med blommor. Jag vill minnas det så, att det var allt det där
men att det till viss del också handlade om nån form av bägare
som tydligen var full och runnit över. Att det var det också, att
det var allt det där, att det var så tungt, så trassligt allt det där,
för dig, för oss och kanske för mig. Jag vill minnas att jag låg den
helgen. Det som var kvar av den vill säga. Som att jag inte kunde
annat. Som att jag inte mäktade med några utflykter eller
sällskapsspel eller minigolf eller räkfrossa eller liknande
upplevelser. Jag vill minnas att det i och för sig visade sig att det
aldrig var aktuellt med några upplevelser, inte ens nära, att det
inte ens snuddade vid något som kan liknas vid rajtan tajtan.
Jag vill minnas sommaren som gick och hösten som gick och
granen som aldrig blev klädd.

Jag vill dra mig till minnes att jag satt upp när du gick, när det
slog i dörren men jag kan ha fel, jag kanske låg ner, men jag vill
minnas att jag såg dina händer, att du gjorde gester när du gick,
kanske lugnande, kanske ett tummen upp men jag kan ha fel,
vad vet jag
Jag kanske låg, raklång, pladask
Jag kanske sov
Sövd

och att
vi hade vänner, bekanta, som vi kände, som vi umgicks med, som vi ägnade tid
men inte ofta
inte gärna

eller att
vi ändå kom iväg, för det bör man, det måste man och sedan hela tiden tänka
vem som sist rörde vid presenten som inte kom med

och att
vi fick stanna för blåljusen och vi gick ut och vi tittade, på människan men mest
på grävlingen och att vi båda tänkte jaha, vem av oss ska det här symbolisera

NÄR DU ROPADE

Jag tänker också på hur det lät när du ropade på mig.
När du ropade på mig lät det som att du ropade på ett djur, ett
mjukt djur, ett tamdjur, ett litet litet djur som låg i hörnet. Åh, så
rart det var. När du ropade på mig lät det som att du ropade på
jobbet, som att du ropade på en anställd, en som jobbade på
botten, en trappa ner, som hade tofflor och inte rökte och som
hade hand om stämplarna och som trånade vid julbordet, som
ett rart litet gem runt sillen. Trånande. Åh, så ont det gjorde.
Eller att jag gick hemma den årstiden och att jag hade så mycket
att tänka på men att jag lyssnade på kassettbanden och skrev
upp när dina rop kändes orätt. Eller en annan sak
Ibland när du gick förbi så kunde du tycka att jag såg så dum ut
med ryggsäck, som en dumsnut sa du, som en som var inskriven
med stöd dygnet runt och att jag sa att alla ser ut så där med
ryggsäck och att du sa att det gör dom inte och att en del passar
med ryggsäck så försök inte.
Ibland när du ropade på mig så kunde det hända att jag lystrade,
att jag kom till dig och att vi fick en stund för oss själva för att
bedöma läget och jämföra våra ärenden och se om det fanns en
obalans och att det kunde hända att vi lekte, kastade boll och
rullade runt och tog oss filmstjärneroller och att jag sträckte mig
efter dig men att det oftast, nästan alltid kom något emellan. Att
det fanns sådana stunder men mest höll jag tillgodo med
kassettbanden
Eller att jag hade en besvärlig vinterhud, att det kändes
bedrövligt och att jag hade fått nåt i ögonen och att det var
besvärligt men mest det här med huden och att det var jobbigt,

som en besvärlig åkomma och att du sa att du inte orkade höra mera men att jag sa att jag står för maten i kväll och en bit in på nästa vecka men att jag gjorde fel och att jag täckte allt med gelé och att det blev fel och att du sa att det inte var gott.

som att vi kysstes
för en gångs skull kysstes och barnen råkade komma hem för tidigt och såg det
och inte längre trivdes för det kunde dom inte då

ALLA GRÄT

När det var som allra värst då grät jag och alla människor grät
och precis varenda människa grät och det fanns inte en människa
som inte grät, alla grät och jag grät och du grät (det utgår jag
från) och alla vuxna grät och alla barn grät och alla i affären grät
och alla på bussen grät och jag grät och alla grät och för att inte
tala om alla dom på kontoret som grät, alla på kontoret grät, en
del passade på, deras gråt var för någon annan.
Eller när det var som allra allra värst, runt pingst, då kysstes alla
människor och alla människor kysstes och precis varenda
människa kysstes och det fanns inte en människa som inte
kysstes och alla kysste mig och du kysste mig (som jag minns
det) och alla vuxna kysste mig och alla i affären kysste mig och
alla på soc kysste mig och alla kysste mig och jag kysste mig och
i stort sett alla och för att inte tala om alla dom på kontoret som
kysste mig, alla på kontoret kysste mig, en del passade på, deras
kyssar var på gränsen. Och det var som en saga, som en
underbar dröm men det blev hawaii av alltihop, riktig hawaii
blev det av alltihop och alla tyckte då att det blev jobbigt, alla
människor tyckte det blev jobbigt och precis varenda människa
tyckte att det blev jobbigt och det fanns inte en människa som
inte tyckte att det blev jobbigt, alla tyckte att det blev jobbigt och
jag tyckte det blev jobbigt och du förstås för det vore så väldigt
konstigt annars.

och
du som tror på gud och jag som inte gör det eller du sa att jag hade sagt att jag
inte gör det och att du tyckte att det vore bra om jag gjorde det och jag sa att jag
sa fel och att jag gör det

eller hunden
du kommer väl ihåg hunden, hunden som vi tyckte om, hunden som vi älskade
så mycket eller ja, tyckte om

och
hunden trampade tydligen i nåt och kunde bli förgiftad och dö grät barnen och
att den blev det men inte av det och klarade sig precis

CIRKUS ÄR TUSENFALT BÄTTRE

Det är så tusenfalt mycket bättre att gå på cirkus sa vi.
Att på vår tjugoåriga bröllopsdag bjudas in till det
Montrealbaserade kompaniet The 7 fingers för ett stycke virtous
cirkus, ett äventyr i gnistrande månljus med extraordinär cirkus i
vardagliga situationer. Att i gränslandet mellan cirkus, dans,
teater och akrobatik se artisterna utforska vardagens rum där
relationer ständigt omvandlas och utvecklas. Oberoende av tid
och rum sätter de fingret på orsak och verkan mellan två
individer. På höjden i luftringsnummer, med total kontroll i
cigarrboxjonglering, i samspel på koreansk språngbräda,
svingandes i trapets och i graciös parakrobatik Varmt välkomna
var vi och tacksamma. Det är så gripande sa vi. Det är så
fantastiskt allting. Så extraordinärt, sån total kontroll, sånt
samspel, så graciöst. Så tusenfalt mycket bättre än att som alla
andra hela tiden laga mat och diska och städa och spika sa vi. Så
tusenfalt mycket mer fantastiskt sa vi. Eller det gjorde vi ju inte.
Vi sa ingenting, vi var stumma, så obegripligt tagna, så halva på
något sätt att vi bara tänkte allting, tänkte oss två som ett äventyr
i gnistrande månljus, som ett stycke extraordinär cirkus men att
det inte var så, att det aldrig var nära, att du i din vildaste fantasi
inte ens snuddat vid tanken

som att jag kröp ihop
som en kattunge, som en liten pälsboll rullade jag ihop mig under tyngden av
dina sångers dånande efterklang eller kanske som kattungens lilla nystan
nästan ännu mera så faktiskt

ROTTERDAM OCH DET SOM BLEV KVAR

eller en annan sak

Inte för att jag begriper vad vi gjorde i Rotterdam, varför vi stod
där och hur det kom sig och att vi var i hamnkvarteren och att vi
såg pråmar och kranar och fruktstånd, det vet jag, och
vansinniga fåglar och broar och att vi påminns om det här via
kartor och mynt och vykort och inte för att jag vet vad det
kostade, vad det landade på men att det var trångt och mörkt
och vattenskadat i rummet och att det fattades lådor det vet jag
men att vi ändå tog oss ut, tog oss för att promenera för att titta
på husen och på statyerna och den ridande polisen och
invånarna och fördämningarna mot havet och tulpanerna
(eller det kanske var i Amsterdam) och sedan tog oss hem. Eller
att det saknades balkong och utsikt och ringklocka där vi bodde
och frukost förstås och mattor och broschyrer och att det var
bristfälligt men att vi ändå såg oss om ibland och att det var trist,
att det inte räckte, att det inte var nog eller att det här räcker inte
sa vi eller ja, du, du sa att det inte var nog, du sa att det var för
mycket regn och besvikelse, eller att det känns som regn och
besvikelse alltihop när du ligger vaken och tänker på det
Och inte för att jag kommer ihåg hur vi tog oss hem, hur resan
gick, genom vilka nejder vi for och vad vi såg och vilka färger
och dofter som omslöt hemresan eller var det bara mörkt och
platt och långtråkigt. Regnade det. Sysselsatte vi oss med något,
en och en med egna saker. Skrev vi hälsningar, kanske brev.
Vad gjorde vi. Sov vi (vad gjorde du när jag sov).
Gick det fort. Kom vi hem i ett stycke, välbehållna och friska och
hade resan gjort oss gott eller sved den i skinnet och hur var det,

blev vi hämtade med bil eller fick vi gå, släpa oss hem med våra väskor.

Det är också sånt jag hela tiden tänker på.

Eller att kameran blev kvar och souvenirerna och minnena och informationen och vantarna och allt

att det var så tungt
tungt och trassligt runt mig, runt den tiden, tiden före midsommar det året eller
ja, flera år eller mest hela tiden faktiskt

att jag hade bekymmer,
att det var besvärligt, i affären och i köket och överallt och att jag sa att det var på
kontoret det började, att jag låtsades det men att det var överallt, på alla platser,
det kan jag säga dig

inte minsta beröring hade jag
med människor eller djur och inte minsta kontakt hade jag med omvärlden mer
än kuvert, ett från staten och det med krav

tre

KOMMER MED SÖTT

det skulle kunna vara så att jag kommer med sött
det skulle kunna vara så att jag kommer med honung varje natt
men att det inte hjälper
att det inte räcker
att det inte är nog
det skulle kunna vara så att jag kommer med värme
det skulle kunna vara så att jag kommer med filten varje natt
att jag kommer med tofflor och täcke vareviga natt
men att det inte hjälper
det skulle kunna vara så att jag kommer med dans
att jag kommer med foxtrot varje natt
att jag kommer med sång och musik och ett helt körverk varje natt
men att det inte hjälper
att det inte räcker
att det aldrig är nog
det skulle kunna vara så att du aldrig varit här
aldrig satt din fot här
aldrig tagit emot och tackat
för maten eller dansen eller tofflorna eller honungen
det skulle kunna vara så att du inte finns
eller att du fanns ett tag
men att du gick bort helt plötsligt
rycktes bort, kanske i en fallolycka
det kan vara så att det vore det allra bästa
eftersom inget annat hjälper
eftersom inget annat räcker
eftersom inget annat någonsin är nog

OM NÅT HÄNDER KOMMER VI ALDRIG UT

det är så oerhört enkelt att se
hur du har rört dig under natten
vad nattens äventyr fört med sig
en liten stövelknekt här
ett litet blombord där
omkullvräkta
det är så löjligt enkelt att följa i dina spår
vad nattens skov dragit med sig
mönsterarken och bokmärken och pressklippen
i ett enda stort kaos
undulatburen på vid gavel
det är så förvånansvärt enkelt att se vad som skett
under dygnets mörka timmar
vad dina nattliga räder fått för konsekvenser
kylskåpsbesöken
svallvågen efter ditt rotande
dina omstuvningar bland frukt och grönt
stå där i gryningsljuset, överskåda förödelsen
tänka
om nåt händer kommer vi aldrig ut
gå och lägga sig igen,
fundera
hur enkelt det är, när man tänker efter
att gå ut genom dörren
ut genom ytterdörren
passera den där gränsen
gå ut i kylan

ut i den virvlande snön
för tunt klädd förstås, bar om halsen
men att bara gå
fortsätta promenera
mot närmaste pizzeria eller bingohall
söka upp en föreståndare
låna en slant, betala för en sockerdricka, köpa sig lite tid
hur svindlande enkelt det ändå är
när man tänker efter
att stanna hemma
ligga kvar

SE UT SOM

det kan se ut som jag håller nåt i handen
det kan se ut som nåt gulligt
det skulle kunna tas för ett av dina marsvin
i den bästa av världar eller om man så vill
det kan se ut som jag är varsam
det kan se ut som jag gör nåt vettigt
att jag brukar mina händer
som att jag, av alla människor,
skulle veta vad det betyder
jag står på fältet
jag står alldeles nära grillen
det kan se ut som jag låter regnet piska mig
låter regnet slå ner mig
låter vinden slå ner mig
låter allting bara vara
på håll kan det se ut som jag kan föra mig
som att jag håller låda
som att jag håller allt vid liv
du står en bra bit bort
du står alldeles nära snittarna
det kan se ut som att du ser mig
som att du hör mig
som att du rörs av mig
det skulle kunna tas för
att du riktigt skakar av känslor
i den bästa av världar
eller om man så verkligen vill

JORD

saker som jag lagt i skogen för att dom inte trivdes, i min lilla vrå, i min lilla
värld, i mitt lortiga lilla comme ci comme ca

saker som jag tog med till skogen hemifrån, för att jag visste att dom for illa, där,
där dom var, där dom låg, i sitt hörn, i sitt sot, i sitt vanvårdade lilla hägn

saker som jag la i skogen i flödande ljus, där jag la dom, i ny jord, i renare jord,
för att växa, för att gro, i tusen gånger hälsosammare mylla

saker som jag lämnat kvar i grönskan, kvar i mossan, för att dom skulle få det
bättre, för att dom skulle slippa, för att dom skulle få en chans, för att dom skulle
kunna hysa det allra minsta möjliga lilla hopp

alla saker som jag grävt ner och upp och upp och ner igen, för att hitta den allra bördigaste jord, i en öppen plats, en solig plats, för ett nytt liv, för att sakerna ska trivas, för att sakerna ska hålla, tusen gånger tusen gånger bättre

alla dagar jag är i skogen står på knä i mossan, känner regnet börja falla, känner regnet slå på ryggen, känner rotsystemen knastra, känner allt det liv som nu vibrerar, i grönskan, bland grenar, bland granar, det hopp som allting fått

all den tid jag lagt i skogen all den tid jag lagt på spaden, det jag grävt och lagt i
jorden, att få känna hur det dundrar, knakar, lever under skorna, känna vattnet,
vätskan, livet i det jag sått

står här upp till knäna i mina grödor, mina groddar, det jag satt, det jag räddat
från en skuggig vrå, från ett lortigt hörn, från ett dammtorrt litet gudsförgätet
skrymsle där hemma, där jag bor, där jag nästan kan säga att jag finns, att jag
lever men ingenting annat

ingenting annat kan sägas mådde bra i mitt hem, där hemma i mitt hem där
allting tynade torkade bort i en bortglömd mager strimma av minsta möjliga
hopp om minsta möjliga fuktdroppe

jag har hittat en plats i skogen, i gläntan, i solen, i jord, en plats för saker som inte
trivdes, i hemmet, i dammet, i mörkret, bland skor, bland händer som inte
kunde, bland alldeles för lite vatten

nu är det bra, nu är det gjort, dom har det bra, i sin fukt, i sin jord, där jag grävt fyra

VI KUNDE INTE VETA

Vi kunde inte veta. Hur skulle vi kunna veta. Vi höll våra kläder eller våra verktyg eller våra bilar eller våra släktingar eller våra små, små sällskapsdjur i alltför hårda grepp. Vi skulle ha släppt. Vi skulle ha gjort nåt annat. Vi skulle ha ätit en bit, satt på pannan, tagit en svängom eller sjungit en trudelutt eller vad som helst men vi kunde inte veta. Hur skulle vi kunna veta. Vi skulle ha gjort nåt annat. Vi skulle ha flyttat på oss, köpt oss en resa, sett oss omkring, hållit oss borta Vi skulle ha oroat oss men gett det tid. Vi skulle sent omsider ha ringt från receptionen. Vi skulle ha fjärilar i magen. Vi skulle vara samlade runt telefonluren och vi skulle höra sång och dans och duschvatten och köksmaskiner och ljudet av små, små tassar i bakgrunden. Det skulle gå upp för oss vad som hade hänt

Vi skulle komma hem. Vi skulle komma med blommor och en glad refräng och ögon tårade av längtan. Vi skulle göra fel. Vi skulle inte ha kommit. Vi skulle gjort nåt annat. Vi skulle inte ha visat oss. Vi skulle ha satt oss i bilen och åkt en sväng, handlat skor, tittat på kyrkor, haft en picknick, låtit hundarna rasa fritt, låtit alla andas ut men vi kunde inte veta för hur skulle vi kunna veta. Vi skulle inte ha kommit. Vi skulle inte haft blommor. Vi skulle ha väntat. Det kom en ny natt. Det kom en ny dag. Det kom nya tidningar och nya tabletter och nya sällskapsspel. Det kom en bussresa emellan.

Vi kunde inte veta. Hur skulle vi kunna veta. Vi skulle aldrig ha kommit

RÄDD FÖR

Hur hjälper man en människa som är ledsen
en sån som bara sitter och ugglar och håller på
hade du sagt till dina närmaste och menat mig
 att det var mig det gällde
att jag var till besvär
jag är rädd men bara lite
 hade jag råkat yppa i ett svagt ögonblick
för vad hade du undrat är den kraken rädd
för vad hade du frågat runt i kretsen av dina närmaste
och hur rädd får man vara och hur dum får man bli
om man får fråga hade dom frågat
och det är något så motbjudande vanligt
det här med att vara rädd hade dom sagt
för vad är den kraken rädd om vi får fråga hade alla frågat
är det arbete han är rädd för, att ta i, att göra nytta
eller är det friska luften, naturen, pippifåglarna och grodorna
han är rädd för
 eller är det kanske morötter eller sallad eller trafiken
eller är det höga ljusa röster han är rädd för
om vi får fråga hade dom frågat
djupa vatten hade jag sagt eller då tvingats säga
men inte vilka djupa vatten som helst
det är dom djupa vattnen i dig jag är rädd för
ditt mörka hav, din oändliga bottenlösa ocean
med sina blinda outforskade odjur
jag kände sådan skräck för

eller att det är höga höjder
men inte vilka höga höjder som helst
det är dina höga höjder jag är rädd för
det branta stupet i dig
din bottenlösa ravin
med sina sylvassa klippor jag fruktade
och att det blev så tyst
och att vi åt i varsitt hörn därefter
och att det blev hunden
hunden som fick följa dig på dina fortsatta äventyr
och intresseföreningen
och barnen förstås. Självklart

DRÖMMER OM

Eller att jag sa att jag behöver luft, det minns jag. Att jag behöver
komma ut, måste ut, tränger det, ut i skog och mark, ut i det fria,
bort från allt ljud. Att jag drömmer om det. Jag drömmer om
skogen, jag drömmer om granars sus sa jag   Eller att du sa: Du,
du drömmer inte om skogen, du drömmer inte om granars sus.
Du, du drömmer om rotvältor, kärr och slemmiga svampar. Du
drömmer om spåren efter troll och svin och annat strävhårigt.
Att du irrar omkring och blir hungrig och tvingas äta av naturen
och råkar få i dig något. Att du blir sjuk av naturen. Det är väl
det du försöker säga. Plötsligt blir du rädd och skriker sa du och
allt i hela skogen skriker plötsligt. Djur med horn, skriker.
Bonden i sin traktorhytt, skriker. Orienteraren tar ut sin riktning
och skriker. Allt skriker. Det drömmer du om. Och att du äter allt
som krälar. Det drömmer du om. Du drömmer inte om granars
sus sa du. Vad är det för dumheter.

Eller att jag sa att jag drömmer om hus.
Det drömmer jag om. Åtminstone. Jag drömmer om grusgång,
pioner och en välkomnande hall. Och att du sa: Du, du drömmer
inte om hus, du drömmer inte om en välkomnande hall. Du, du
drömmer om elfel och groggar och en vanvårdad hamster. Du
drömmer om att det är blåsigt och kallt fast inomhus och att du
är hungrig och att du trevar genom kökslandskapets vindpinade
vidder och hittar inget annat än brysselkål och blomkål och
brysselkål igen. Du drömmer att du har Haricots verts till allting.
Du drömmer om att det är gängpaj och att det hela tiden fattas
en centimeter och att radion tappat sina stationer och att du går

omkring på nålfiltsmattan med dina hälsprickor och att det liksom frasar och sprakar och att du fastnar, du fastnar i mattan och allt i hela huset fastnar plötsligt. Plastpåsar fastnar. Kringströdda tofflor och vantar och mössor fastnar. Allt fastnar i nålfiltsmattan. En undulat ramlar ner och fastnar. En undulat? Ja, en undulat ramlar ner och fastnar. Det drömmer du om. Och noppriga hemmabyxor. Det drömmer du om. Du drömmer inte om en välkomnande hall sa du.

Vad är det för dumheter.

fem

JAKT

En lampa som tänds. Någon som ropar från hallen. Små, små
strån från ett sällskapsdjur på min rockärm. Fläckar av lingon på
en nylagd duk. Stilla, ljumma vindar från ett öppet fönster.
Gardiner som rör sig. Sakta, vanligt, vardag. Prasslet från ett
korsord. Någon som frågar Kaffe? Säga ja tack. Det är också jag

Jag sitter på bänken i parken i skuggan vid sjön. En katt stryker mot benen. Jag äter en bulle. Gråsparvar hoppar runt benen, plockar smulor som ramlar från mitt knä. Det susar i träden. Det fladdrar i en klänning. Det rycker i en hatt. En rad med förskolebarn traskar genom parken och fyller parken med sitt evinnerliga, oskuldsfulla tjatter. Finna tröst i det.

Skuggig värme. Jag kan sitta i timmar. Jag kan se hundar komma
och gå på sin andra eller tredje promenad för dagen. Jag tar mig
tid. Jag ger mig tid, jag ger mig själv all tid i världen. Jag möter
en blick. Jag ser en cyklist. Jag ler mot ett barn. Jag äter en frukt.
Jag tänker en tanke så långt som det går. Så långt jag förstår.
Så långt som jag når tills en hund skäller till.

Träden rör sig i den ljumma sommarbrisen. Fåglarna lyfter och landar, lyfter och landar som i en fjäderklädd balett högt uppe i grönskan. En bänk i skuggan i parken vid en sjö. Lata kravlösa stunder. Smörgåsar och termoskaffe. Huvudbonad. Rikligt med vatten. I den bok jag läser finns en vardaglig hjälte som hjälper en granne som är lam.

Rader av bilar på gatan utanför. Rader av hetsiga fötter mot asfalten på trottoaren. Alla rusar efter lyckan. Alla vill ha en väska. Alla vill ha ett par nya skor. Alla vill bara ha helt enkelt. Jag vill också ha. Jag kämpar med det. Jag vill ha. Jag vill köpa. Jag vill ge. Jag vill se mina lådor svämma över av strumpor. Jag vill se mina galgar svämma över av skjortor.

Jag kommer hem. Jag hör en radio. Stilla trygga skval. Radion står i köket. Köket doftar honung. Kaffepannan puttrar. Tiden står och tickar sina lugna, lugna slag ur hallens gamla väggur. Det är ingenting som brummar, som skaver, som knakar och knackar i just detta nu, i just denna stund, så bekant den är denna stund när man kommer hem och hör en radio.

Det är så mycket som man jagar. En ständig jakt. På allt. Nya tänder. Nya läppar. Nya knän. Jag. Jag ser en lampa som tänds. Jag hör någon som ropar från hallen. Jag ser små, små strån från ett sällskapsdjur på min rockärm. Jag gör fläckar av lingon på en nylagd duk. Det skulle kunna vara jag. Det borde vara jag. Det är nog jag. Också.

sex

STÅR DÄR I HALLEN

Det kan ha börjat med en sång. Så kan det ha varit
Det kan ha varit rock and roll men det var säkert en operett, en
känd operett med en känd melodi och en underbar sång och det
kan ha varit så att jag fick för mig att sjunga med, så kan det ha
varit och att det i sin tur ledde till att någon blev ledsen, ja rent
av förtvivlad, för det kan ha varit så att det inte gick att känna
igen melodin, inte alls, kanske ett och annat ord här och där men
ingen melodi, inte en klang, absolut ingen sång och att det i sin
tur ledde till att alla blev så ledsna, ja rent av förkrossade och att
det ena med det tredje ledde till att vi står där i hallen med våra
påsar och våra busskort och våra vantar och våra presentpapper
i famnen och kanske begonian om allt vill sig väl
Om ni vill oss något då
om ni har några frågor
 ställ dom försiktigt
vi är som porslin nu
vi är som små dockor
vi är som små hundar nu runt raketer och ben
Vi står där i hallen det klämtar en klocka, det stryker en katt,
det osar våffla från köket, det doftar kaffe från köket, det luktar
tårta från köket, jag knäpper en knapp
Det är besvärliga tider
det finns inte mycket ljus
Vi har skärvor
små skärvor
 blott flisor av hopp att en gång få återvända

MINA ÄRENDEN

Jag försöker minnas kontoret.
Att jag inte var där långa stunder ibland.
Att jag höll mig borta den och den veckan av alla veckor.
Att jag inte var helt frisk, för det var jag inte, hosta hade jag och
värk men ändå.
Jag försöker verkligen minnas mitt kontor, mitt ämbete, mina
göromål och jag försöker komma ihåg hur det såg ut, hur man
tog sig fram under lysrören och genom gångarna och genom
larmen som tjöt och hur det såg ut runtomkring vattentanken
och maskinerna och anslagen och jag försöker se mig själv i ett av
båsen med min penna och mina hålslag och mina lappar och
mina högar av uppdrag, travar av uppdrag.
Jag tänker på att jag var borta i veckor och mer därtill, att jag for
iväg i tjänstebil då när listorna cirkulerade, då när ansvaret
skulle fördelas och jag minns att jag hade uppgifter hängande
över mig, fullt av dom i båset när jag väl var åter.
Eller jag minns att jag inte deltog, inte alltid, att jag hade annat,
hosta och svårigheter och att jag var först ut, den förste att ta sig
ut och att jag hade uppgifter kvar som dröjde och släpade efter
och att jag fick en lapp om det, en lapp som jag förfalskade och
skickade vidare och att jag hade ett kassettband med ett
trickinspelat telefonsamtal med en klient som gick igång när jag
inte orkade längre, när jag inte såg någon räddning eller det låter
ju inte klokt det här.
Jag tänker på den spilltid som gick åt, all den tid till förfogande
som åts upp av hostan och värken och alla ärenden och allt och
jag tänker på all väntan vid maskinerna och hissknappen och jag

funderar på alla mappar och journaler och kuvert med ärenden
fyllda av sorg och smärta och förtvivlan som jag behandlade så
förtjänstfullt, som jag hanterade så någorlunda muntert och jag
tänker också på att jag var ensam, i ensamhet långa stunder i den
bortre delen av lokalen, i den nedre delen av lokalen, en trappa
ner, där lysröret väsnades och stencilerna samlades på hög.

VAD SOM GÄLLDE

Jag var ju inte ond, det var ju inte det
men jag visste ju inte vad som gällde
Jag var handfallen och stum eller att jag ofta stod på balkongen
och var handfallen och frös och undrade vad som gällde
Att jag ändå försökte, bjöd till och bjöd upp när dom kom, när
dom kom utan att larmet ljöd och att jag fick värk och
svårigheter att stå upp men att jag ändå deltog, att jag ändå fanns
där runt salta pinnarna när det vankades hej och hå
Det fanns grogg och likör, sprit att tillgå, oliver och rökverk och
att man rörde sig runt runt varandra i hopp om att någon gång
stå på rätt ställe
Någon klappade hunden
rörde vid pälsen
rörde vid fläcken den bar
rörde vid dig och ditt hjärta (åh, så lättrörd du var)
och att det plötsligt lät av Edmundo Ros
och att det förekom knyckig, närmast fånig dans och närmanden
och att jag ville ut på balkongen, ut i luften, ut i den virvlande
snön, stå still i ensamhet och frysa
Eller att jag pratade om Benny Hill och var så ensam om det,
så ohyggligt allena i det och larvig men att alla till slut for iväg,
till slut till glädje tyst blev det och att jag hjälpte till men att jag
inte visste vad som gällde och vad som skulle sparas och vad
som skulle kastas och att jag inneslöt allt i plast,
för vår skull och för säkerhets skull
och barnens

sju

solen och värmen och groggen och swimmingpoolen
och allt som man ångrar
som svider i skinnet
som bränner i hjärtat
ett hål i gubben

vi vill absolut inte vara ensamma
vi gör vad som helst
vi kan ha djur
så kallade sällskapsdjur
som biter oss
men vi bor kvar
vi härdar ut

att riktigt längta efter farmors gäddhäng
få luta skallen mot den svala lena överarmen
få höra att det blir pulverkräm till kvällen
få höra att stängslet mot djuren håller
få höra att larmet som går
det är bara farfar som kommer nerför grusgången
få höra allt det där

det var som ett ludd
det hade börjat så
på kontoret
över munnen

är det att dom pratar så lugnt
är det alla deras vänner
är det att man inte hör radion ordentligt
är det ljudet av åtta bestick
är det att dom inte skrattar
är det barnens betyg
är det bilmärket
eller vad är det?

det är om natten
när mörkret viskar sina repliker
som allt får fäste
som kylan får fäste
som orden får fäste
som drogen får fäste
som dina skrik får luft och får fäste
natten spränger allt
nålar upp dig och skalar dig
skalar dig som en lök av luft

står jag då i fönstret igen
stirrar ut på min gård
ser hur vindarna och regnet
slår och piskar
kastar runt
med grenar och löv och bofinkar
och jag vet inte
hur länge jag ska stå här
och jag vet inte men jag ser
att det redan är
en annan årstid därute
hundarna gnyr på hallmattan
sliter och drar i kopplen
längtar hem

jag tror inte
att det här
är det enda vi får
det kommer mer
av vakna nätter
det kommer mer
av korsord och brustabletter
och om vi bara orkar vänta
så kommer det mer
av samtal och skratt och massage
mer av sånt vi inte får

jag är allt det där du vill ha men är så rädd för
jag är en snabbsömssymaskin
jag lägger korsstygn över dina brister
jag fållar upp dig där du släpar
jag är hos dig när du sover
jag är din sömn, utan mig stannar du
jag jobbar med dig när du sover
det är därför du är som du är på förmiddan
tung i skallen men hyfsat glad sa du

jag har under lång tid varit iväg
på resande fot alltför länge
Kap Horn. Goda Hopp
dina höga förväntningar
allt som man kan runda

SOM OM JAG INTE VISSTE

Som att jag kunde sitta en hel dag och titta på hunden, blänga på hunden, försöka se hur den såg ut, hur den var stöpt.
Som om jag inte visste
Eller att det är så obegripligt mycket det där att ha hund, så mycket päls, så mycket vattniga ögon som blänger överallt och i köket när man inte vet var man ska börja och vad som ska kokas och vad som ska dra lite först och vad som är en dutt. Att jag blängde på hunden, sneglade på fläcken som den bar, som var så synd att den bar, som gjorde det så svårt att klappa den och bry sig om. Att se den växa, fläcken och flyta ut. Att vi ändå umgicks, att den glodde när jag inte visste var jag lagt min klocka och att den var trött, hunden, besviken på fläcken men att den följde mig med blicken ända in i minsta vrå när jag pysslade, försökte mig på det här med skötsel och när jag inte visste vad som är kaktus och när jag letade och letade efter min pullover och mina dukar och mina disktabletter och radergummit
(vad skulle jag med det? Vad, av allt, skulle raderas?)
Som att hunden kunde ligga i ett ovanligt hörn. Att vi sa hej och att fläcken hade flyttat sig eller ja, vuxit och att den slöt sina ögon ibland, hunden, som av värk, som av besvikelse, som att den inte kunde hjälpa att beröras av mitt letande, mina tveksamma händer, mina hjälplösa ansträngningar att hålla liv i grönskan. Som att det kunde slå in en sol och förstöra tevebilden och att jag lyssnade men ändå inte på radion som alltid stod på och att det slamrade i dörren, att det lät och att det inte var reklam och att nu är barnen här, nu har barnen kommit, nu är barnen här, vad roligt! Och du! Nu är alla här och du är här. Vad roligt. Eller att

det var tyst och att dom gick eller ja, ni gick, ni försvann ut, ut till fåglarna, till bilarna, till allt det där som angick bara er

Som att jag drack en grogg i morgonrock och att den kändes eller som att hunden såg det och kände igen sig. Som att det gnäggade en häst ur teverutan eller radion och att vi blängde på varandra hunden och jag och att jag skrev på en dikt, en dikt om blommor och en liten hand som överräckte dom, gav dom försiktigt till en man som uppnått en högre position men som sakta rasade genom schakten, kanade genom orterna, ner och in i ett sömnlöst tillstånd. Att det var osäkert vem den lilla var och vad den uppsatta mannen sysslade med men att det var en dålig dikt, en anskrämlig text, det vet jag och att jag släppte den och ritade en häst istället och att det var en dålig häst, att det inte gick att känna igen det som en häst, som det kreatur det var och att jag då ritade en fläck, en fläck som växte på en hund men att jag då blev så ledsen och att jag då sjöng ett tag, nynnade, sjöng på dina sånger, på dina oslagbara refränger, som gjort oss så glada, som gjort oss så starka, som gjort oss så små ändå och fjuttiga i skenet av dina sångers bedövande ljuvlighet.

Eller att jag aldrig kom ur sängen

åtta

SVÄNGRUM

Hitta en plats där du kan vara tråkig.
Hitta den delen av dig själv. Hitta en plats där du inte
behöver gå upp, där du kan ligga kvar och stapla hårda
konsonanter på hög för en gångs skull. Slippa vara löjlig

Hitta en plats där marken är orolig.
Hitta ett jordskred som brakar fram, som drar dig med,
som kan föra dig till roten av det onda, till en ny mylla
som inte skaver, till en plats där du får gräva fram dig
med egna händer och känna gränslös glädje i dagens ljus

Hitta ett slukhål.

Hitta en skör hinna av jord i ett stadskvarter och ställ dig där och se vad som kan hända när det brister. Ge dig själv tid att bara falla och falla tills du slår i botten och kan få höra nya röster skalla uppifrån kanten

Hitta en plats där du kan vara rädd.
Hitta en plats där du kan tillåta dig att skaka. Ge dig själv
så lite utrymme som möjligt. Tvinga dig själv att vara på
en plats där du inte kommer undan, där du måste lära dig
att slåss

Hitta ett område där regnet öser ner.
Leta upp en översvämning. Ställ dig på en plats som
säkerställer att du åker med i vattenmassorna. Låt vattnet
krossa, bryta sig fram, skölja genom dina system, låt
vattnet forsla bråtet till en annan plats

Hitta en öppen plats.
Ställ dig på ett kalhygge. Gå ner på dina bara knän bland rötter och sly. Låt dofterna knocka dig. Lägg någonting i mossan som kan gro. Någonting som behöver plats för att växa, någonting exotiskt, något giftigt, något nytt som inte bryr sig, som tar ut svängarna bland granarna

Hitta ett danspalats.

Leta upp en danspartner och musik som svänger nonstop.
Sätt fart på dina lurviga och låt dansens virvlar föra dig ut
i allt vidare cirklar, låt dansens berusande extas ta dig bort
så långt det bara går tills du stöter ihop med din allra mest
avlägsna släkting som aldrig sett dig såhär, aldrig såhär
nöjd, som bara sett dig sitta med armarna i kors, i ett hörn,
tjurig. Bjud upp din släkting och bara fortsätt på den
inslagna vägen, dansa dansa

Hitta ett språk.
Leta upp ett helt nytt språk med eget vokabulär.
Låt bokstäverna sväva fritt i din mun. Ta till dig språket,
gör det till ditt, gör dig förstådd. Prova försiktigt att låta
språket lösa en grannfejd innan du låter meningarna
singla över Syrien

Hitta en plats som skakar.
Leta upp en jordbävning och sök dig fram till epicentrum.
Hitta en egen plätt där det kan finnas hopp om att hitta
något under rasmassorna. Börja leta. Låt själ och hjärta
vara med i grävandet. Förbered dig på vad som kan
hända, att du finner något du inte väntat dig, att du i
själva verket står på ruinerna av ditt eget kontor, att det är
spillrorna av ditt eget bortslarvade yrkesliv du håller i
händerna. Stålsätt dig. Ge dig själv svängrum att skratta åt
eländet

nio

TILLSAMMANS I VARANDRA

resterna av ett varmt kvällsljus
faller sakta genom träden
faller in i rummet där ni står
genomskinliga och darrande av drömmar
det finns en varm tystnad i rummet
och ni håller om varandra och ni känner och ni vet

era hopp ska spira   för precis samma sak
era lungor ska fyllas   av precis samma luft
era ögon ska se   åt precis samma håll
era hjärtan ska slå   i precis samma takt

det finns en varm tystnad i rummet och ni är
sköra i varandra
starka i varandra
längtande till varandra
hemma i varandra
bländade av varandra
ni håller om varandra och ni känner och ni vet
att era hjärtan ska slå och slå och slå
i precis samma takt
i precis samma evighet
tillsammans i varandra

NÅD

jag vill att ni ger mig nåt som gör
att jag hör   en trast ett tåg ett skratt
som gör att jag ser   en räv en fisk en bil ett barn
ger mig nåt som gör   att jag ser just det
jag vill att ni ser på mig   på ett sätt som gör
att ni tar mig med   tar mig in   har mig kvar
som gör   att ni håller av   håller om   stoppar om
ser på mig på ett sätt   som gör att jag tycker om just det
jag vill att ni ger mig nåt   som gör   att jag ser
minsta skylt   till minsta avfart
till minsta kärlekspredikande församling
ger mig nåt som gör att jag hör mina egna rop på hjälp
jag vill att ni ser på mig på ett sätt som gör
att jag tar mig upp   tar mig fram   ser mig om
ser på mig på ett sätt som gör   att jag tar min tablett
jag vill att allt är på ett sätt som gör
att jag hör ett löv   en mask   ett regn   falla
att allt är så att jag hör just det   nu   då och att du är här
då
jag vill att ni ger mig nåt som gör
att jag går ut   går till   tar mig ut   åker buss
jag vill att det är som det är när du är här
varmt värme   varsamt varm
när du är som du är   när du är här   Sover här sover över
sover snällt
vill att du är här när du är så här
när det är så här som det är när du är här   när du är du
och här

RESTERNA AV ETT SAMTAL

samtidigt
i en vrå av ensamhet
brer du dig en smörgås
utanför fönstret kvittrar fåglar
gödslar fåglarna luften med sitt kvitter
det är som det är
det är nästan som vanligt

i slutet av gatan, där radhusen börjar
ser du hennes ryggtavla minska för varje andetag
i dina händer
kan du fortfarande känna
det grepp hon frigjorde sig från
resterna av ett samtal flämtar till inom dig
och slocknar
samtidigt
i en vrå av hjärtat
svär du
ler du
brer du dig en smörgås